JOSÉ HUBERTO BRONCA

da luta sindical ao Araguaia

Deusa Maria de Sousa

JOSÉ HUBERTO BRONCA

da luta sindical ao Araguaia

D̃EUSA M̃ARIA DE S̃OUSA

1ª edição

**EDITORA
EXPRESSÃO POPULAR**

São Paulo - 2008

Copyright © 2008, by Editora Expressão Popular

Revisão: *Geraldo Martins de Azevedo Filho e*
   Miguel Cavalcanti Yoshida
Projeto gráfico, capa e diagramação: *ZAP Design*
Fotos: *acervo da família*
Impressão e acabamento: *Cromosete*

Dados Internacionais de Catalogação-na-Publicação (CIP)

S725j	Sousa, Deusa Maria de
	   José Huberto Bronca : da luta sindical ao Araguaia / Deusa Maria de Sousa --1.ed.-- São Paulo : Expressão Popular, 2008.
	   80 p. : il.
	
	   Indexado em GeoDados - http://www.geodados.uem.br.
	   ISBN 978-85-7743-075-8
	
	   1. José Huberto Bronca, 1943 – Guerrilheiro - Araguaia. 2. Militantes políticos – Araguaia. 3. Militantes políticos - Desaparecidos – Brasil. 4. Guerrilha do Araguai, 1970-1976. I. Título.

CDD 923.20981

Bibliotecária: Eliane M. S. Jovanovich CRB 9/1250

Nenhuma parte deste livro pode ser utilizada
ou reproduzida sem a autorização da editora.

1ª edição: agosto de 2008

EDITORA EXPRESSÃO POPULAR
Rua Abolição, 197 - Bela Vista
CEP 01319-010 – São Paulo-SP
Fone/Fax: (11) 3112-0941
vendas@expressaopopular.com.br
www.expressaopopular.com.br

Sumário

José Huberto Bronca:
o menino que amava o ar e a água 7

O líder operário Bronca 13

Cuba e China:
duas concepções de luta armada 39

A vida clandestina no
Rio de Janeiro e em São Paulo 47

O "Fogoió" ou "Zequinha" chega
à região do Araguaia 51

Morte, prisão, tortura e execução no Araguaia 57

José Huberto Bronca /
Fogoió – 13/março/74 (Mar) 61

O silêncio após a guerra 67

A peregrinação da família
Bronca em busca do "Zé" 71

Sobre a autora 79

José Huberto Bronca:
o menino que amava o ar e a água

José Huberto Bronca nasceu aos nove dias do mês de setembro de 1934, às 12:15 horas, no Hospital Alemão de Porto, atual Moinhos de Vento, filho de Huberto Atteo Bronca e Ermelinda Mazaferro Bronca. Era o segundo filho homem de uma família que esperou até o quarto para ter uma menina. No dia seguinte ao seu nascimento, seu pai, Huberto Atteo Bronca, dirigiu-se até o cartório da 1ª zona da cidade de Porto Alegre e fez o registro do nascimento desse filho na presença do avô e do tio materno, José e Arthur Mazzaferro. Nessa época, residiam na rua Francisco Ferrer nº 116. Huberto Atteo trabalhava como eletrotécnico por conta própria e Ermelinda, como dona de casa.

Como um autêntico descendente de imigrantes italianos, José Huberto teve uma educação avançada e "libertária". Lia, desde muito pequeno, as revistas argentinas *Billiken* e *Hobby*, por incentivo do pai que as trazia e fazia a leitura para os filhos pequenos. Desde muito cedo, demonstrou atração por brinquedos que alçavam vôo. Nasceu aí sua paixão por pandorgas, depois aprimorada para os aeromodelos, com os quais se divertia ao passar longas horas a montá-los e desmontá-los. Havia algo em comum nesses pequenos brinquedos: ambos desafiavam a gravidade. Era esse desafio e a sensação plena de liberdade, ao que parece, que atraía José Huberto. Com apenas "dez anos de idade já havia construído vários aeromodelos e também pandorgas de grande tamanho e alegre colorido, que com muita habilidade, juntamente com seus irmãos, soltava no Parque Farroupilha a grandes alturas" conforme relato de sua irmã, Maria Helena Mazzaferro Bronca.

José Huberto Bronca iniciou sua vida escolar no Grupo Escolar Uruguai, no qual concluiu as primeiras quatro séries do antigo primário e recebeu o certificado de aprovação em todas as matérias em 11 de dezembro de 1945, aos 11 anos de idade. Esperou mais de um ano, impacientemente, para completar a idade suficiente para prestar os "exames vestibulares" para o ingresso na Escola Técnica Parobé. Por insistência sua, nesse meio tempo, estudou um ano no Colégio Rosário. Na Escola Técnica Parobé estudaram todos os homens da família, inclusive Huberto Atteo Bronca, seu pai. Aos quatro dias do mês de fevereiro de 1947, seu pai fez o pedido de inscrição para que o filho, José Huberto, pudesse prestar exames para admissão na escola. Nessa época, seu filho primogênito já era aluno da escola desde 1945, quando iniciou o curso industrial de mecânica e máquinas, concluído em 1949. Em 1950, o terceiro filho também ingressou na mesma escola no curso industrial de serralheria, retirando-se em 1951. Nesse clima de companheirismo, ele alternava sua ida para a escola com os irmãos de bicicleta e de bonde.

Ainda na adolescência desenvolveu um aguçado apreço por bicicletas. Nelas fazia longos passeios com os amigos e irmãos pelas ruas do centro da cidade e pela orla do rio Guaíba. Durante os anos de 1950, era muito comum vê-los nos fins das tardes nas imediações do centro da capital gaúcha. Essa paixão pelas rodas e o funcionamento mecânico das mesmas o inclinaram, provavelmente, a decidir pela mecânica de máquinas dentre as três opções de preferências apontadas em seu pedido de matricula da 1ª série do ano de 1948.

Naquela época, ser portador de um diploma de ensino técnico da Escola Técnica Parobé representava uma "garantia" de um bom emprego. Após prestar "exames vestibulares" em 1947, obteve aprovação com desempenho satisfatório e, na primeira série em 1948, demonstrou, já naquele momento, aptidão maior pelas disciplinas chamadas de "cultura técnica" (tecnologia, desenho básico, prática de oficina) em detrimento das chamadas de "cultura geral", que englobavam português, matemática, ciências, história do Brasil. Essa inclinação pelas disciplinas técnicas do curso o acompanharam durante toda a sua trajetória na Escola Técnica Parobé entre os anos de 1948 e 1952, este último, ano em que se desligou dessa Escola.

Durante todo o período de estudo não desempenhou qualquer função de trabalho remunerado. Sua outra grande ocupação, depois dos estudos, foi o esporte. Ainda durante o ano de 1952 registra-se sua passagem por outra grande paixão no esporte o remo. No dia 26 do mês de outubro, venceu torneio em equipe pelo Clube Regatas Vasco da Gama, de Porto Alegre. Nessa época, eram, também, muito comuns as apresentações de grandes desfiles comemorativos à Independência do Brasil na semana da pátria. No dia cinco de setembro de 1953, aos 20 anos de idade, José Huberto desfilou pelas ruas do centro da capital vestindo um traje de passeio dos remadores, ou atletas da mocidade, do Clube Regatas Vasco da Gama e carregando um grande remo com as cores e o emblema do clube. Viram-se no desfile atletas e crianças com painéis das competições do clube e cartazes, proclamando seu "orgulho de trabalhar pelo Brasil."

O pai de José Huberto, Huberto Atteo, manteve uma vida estável exercendo a função de eletrotécnico de maneira autônoma. Assim, prestando serviços a empresas de variados portes, pôde proporcionar uma vida tranquila numa casa aconchegante para a esposa e os quatro filhos do casal. Era muito comum nos verões a família alugar casas na praia de Cidreira e nos invernos visitar as fontes de águas termais "Da Guarda" e hospedar-se sempre no hotel Falk. Nesse ambiente de alegria e muitas brincadeiras, José Huberto viveu desde a primeira infância até a idade adulta. A família mantinha diversões variadas no período de férias dos filhos. Segundo Maria Helena M. Bronca, outra grande diversão foram às pescarias no *Chateau* da Ponta Grossa, no Belém Novo, às margens do rio Guaíba. Além disso, possuíam uma chácara com criação de abelhas mantidas com muito zelo por Huberto Atteo. Ainda nesse período, José Huberto cultivou e aprimorou sua mais antiga paixão as bicicletas de uma roda "que ele mesmo construía; possuiu duas: uma pequena, com menos de um metro de altura, e outra, com 1,70 metros, com as quais passeava pelas ruas do bairro Bom Fim, onde morava (...)"

Sua aparição à luz do dia nas ruas do centro da capital, aos 27 anos, em um veículo inusitado, rendeu-lhe uma reportagem em uma revista de circulação nacional com redação, também, em Porto Alegre, com texto e fotos do jornalista Ney Fonseca. Nessa reportagem, o jornalista comentou as acrobacias e o espanto dos espectadores. Fez ainda, na mesma reportagem, uma entrevista com Bronca sobre a sua "arte" e a idéia da criação daquele veículo, que, segundo Bronca, "nasceu com uma inspiração".

Essa inspiração o levou a construir, andar e apresentar-se em vários espetáculos beneficentes na capital para o entretenimento de crianças. Desse modo, apareceram sínteses biográficas de José Huberto Bronca em diversos livros e *sites* na *web* nas quais, confusamente, se destacava que se tratava de um profissional circense e que, no circo, Bronca tivesse adquirido o aprendizado de acrobacias no monociclo. Na verdade, segundo relatos de um familiar, as acrobacias Bronca aprendera a fazer desde criança, quando ganhara as primeiras bicicletas de presente do pai.

O líder operário Bronca

Após sair da Escola Técnica Parobé em 1952, Bronca fez um curso preparativo para ingresso como mecânico numa empresa de aeronaves da capital, a VARIG – Viação Aérea Riograndense. Nessa empresa, ingressou na primeira turma de mecânicos e teve sua formatura em grande festa em finos trajes, quando, junto com os demais formandos, recebeu o certificado do curso de Mecânico de Manutenção de aeronaves da referida empresa, (em 5 de fevereiro de 1954). Em abril de 1955 recebeu um certificado por ter completado satisfatoriamente o treinamento de 100 horas como mecânico do avião *Convair* 240. Nessa empresa, trabalhou, com ficha no Departamento Pessoal, de 1º de março de 1954 a 22 de outubro de 1955, data de seu desligamento. Completou, portanto, apenas um ano e sete meses, contrariando os "muitos anos", como se pensava, de trabalho nessa empresa, segundo dados fornecidos pelo setor do Departamento Pessoal da Varig de Porto Alegre.

Há indícios de que, nesse período, tenha entrado em contato, pela primeira vez, com organizações políticas. De fins dos anos de 1950 e início dos anos de 1960, surgem as primeiras memórias de familiares sobre as constantes presenças, junto a Bronca, de Paulo Mendes Rodrigues e de Gregório Mendonça. Coincidentemente, Paulo Rodrigues, (outro desaparecido político gaúcho no Araguaia) naquele período, também "demonstrou", segundo a família, uma inclinação e proximidade com o político Leonel de Moura Brizola.

Essas ligações com militantes que depois ingressaram na luta armada nos evidenciam que ambos, Paulo Mendes Rodrigues e José Huberto, tiveram contato com as concepções da implementação de luta armada, antes de 1960, ainda que com as implicações diferenciadas das lutas às quais se integraram. Após alguns encontros e entrevistas, percebemos que essa "ligação" com Leonel Brizola que os familiares de Paulo e Bronca destacaram foi, na verdade, estratégica. Tal "simpatia" e "proximidade", relatadas anteriormente por familiares, deram-se, ao que tudo indica, no período da sucessão da renúncia de Jânio Quadros e também após o golpe de 1964. A partir da renúncia de Jânio, Bronca, segundo relatos, envolveu-se pessoalmente nas brigadas operárias que se alistaram para pegar em armas, se preciso fosse, para garantir a posse do vice de Jânio Quadros eleito democraticamente, o gaúcho João Goulart. Foi na condição de operário disposto a pegar em armas que Bronca aproximou-se e deu apoio político a algumas associações de bairro da capital.

No ano de 1960, Bronca trabalhou em Angra dos Reis, como mecânico nos Estaleiros Verolme. Nos poucos comentários que fez aos amigos sobre essa atividade, referia-se a ela como uma época de trabalho pesado. É provável que ele tenha regressado para o Rio Grande do Sul ainda em 1960 e, em seguida, ingressado no seu último emprego, numa empresa que fabricava máquinas e parafusos, antes de partir para o Araguaia. Vilson Pinto referiu-se à entrada de José Huberto Bronca na empresa, em 1957:

> Ele foi admitido na firma lá pelos anos de 1960 aproximadamente. Eles (os proprietários) estavam fabricando umas máquinas e ele já entrou pra fabricar essas máquinas, para uso interno. Essas máquinas, cada vez que ficavam prontas, construíam-se novas. Era para uso interno. Eles tinham uma engenharia muito boa. Ele (Bronca) entrou para trabalhar no maquinário novo. Depois de um tempo, eu fui requisitado para trabalhar na mesma seção que o Bronca.

A fala de Vilson Pinto nos permite perceber que a empresa em que Bronca foi trabalhar, até sua partida, estava em plena expansão no mercado. Fundada por dois irmãos de origem italiana, era uma empresa de grande prestígio na época e mantinha uma grande quantidade de operários. Localizada próximo do centro de Porto Alegre (entre as ruas Avaí e Sarmento Leite) e nas imediações da Faculdade de Medicina da Universidade Federal do Rio Grande do Sul – UFRGS, atraía muitos operário-militantes para seus quadros e era um dos principais pontos de concentração de forças e organizações políticas. Para os militantes comunistas, era estratégico estar em meio à classe operária. Nessa perspectiva, o ingresso de Bronca nos quadros dessa empresa possibilitou, aos poucos, ganhar a simpatia e poder discutir as idéias que estavam em debate. Sobre esse período de convívio com Bronca, o depoimento de Vilson Pinto é enriquecedor:

> Ele (Bronca) era uma pessoa de um Q.I. muito bom, muito alto. Ele tinha um bom tom de expressão (...) Sabia se expressar muito bem com as pessoas. Ele era muito comunicativo e fez logo uma amizade geral na firma, com os trabalhadores. Muito brincalhão (...) Mas nessas brincadeiras, nessas amizades ele procurava esclarecer os trabalhadores (...) Ele procurava doutrinar para uma nova ideologia, ele levava lá, costumava levar a classe operária (...) E os trabalhadores gostavam muito dele.

O depoente evidencia a visão que o mesmo tinha de Bronca. Embora trabalhando como operário qualificado no setor como mecânico ajustador, ele percebeu a distinção e clareza nas explanações que diferenciavam Bronca dos outros trabalhadores. O que o depoente chamou de Q.I., os militantes políticos costumam chamar de preparo político ou clareza das idéias. Esse trecho permite ainda vislumbrar ser perceptível, para os outros operários, que Bronca fizesse parte de uma organização política, mas "ele não falava que era do Partido Comunista. O fato é que ele sempre levava um maço da "Classe Operária" e dava para os trabalhadores lá dentro." Com tal habilidade, conseguiu representar os operários dessa empresa junto ao sindicato representativo, como delegado de fábrica, segundo o depoimento de Vilson Pinto. A função primordial de um delegado de fábrica era servir como interlocutor dos operários representados junto ao sindicato da categoria, era o mesmo que fazer a "ligação entre a fábrica e o sindicato. Ele era o elo". Ser delegado de fábrica significava, também, levar e trazer todas e quaisquer informações de interesse dos operários da fábrica representada, porém não era um representante eleito, "esse tipo de ligação vinha ao natural (...)". Sabe-se que, apesar de essas representações serem reconhecidas tanto pelos sindicatos quanto pelos proprietários das empresas, tais atividades eram acatadas pelos sindicatos e "toleradas" pelos patrões. Segundo depoimentos, aquele operário era, quase que naturalmente, marcado pelos patrões em qualquer que fosse o movimento em que este estivesse presente.

Numa das passagens, o relato de Vilson Pinto nos remete a uma situação em que, nos preparativos para a deflagração da campanha da Legalidade, Bronca participou das manifestações no centro da cidade, quando um dos diretores se fazia presente e o apontou e o fitou intensamente. Nesse momento de efervescências políticas no Palácio Piratini (sede governo gaúcho), algumas vezes, segundo o relato de Vilson Pinto, Bronca faltava ao trabalho para marcar presença nessas manifestações políticas. Aquele "olhar marcante" dos patrões para Bronca foi uma espécie de aviso para sua intimidação e para que ele entendesse que os diretores sabiam de suas motivações políticas e as razões das freqüentes faltas ao trabalho naquele período.

As questões do cotidiano do trabalho na empresa eram sempre discutidas no restaurante do português durante o horário de almoço. Nesses horários, os debates eram permanentes e sempre apareciam "rapazes distintos" e muito educados, que se sentavam e debatiam fatos da situação política nacional. Segundo Vilson Pinto, eles costumavam chegar e se aproximar com conversas rápidas sobre reivindicações da classe trabalhadora e para incentivar e "esclarecer" os trabalhadores sobre seus direitos. Havia também as aproximações com o intuito de convidar os trabalhadores para fazer parte de "cursos e palestras de formação e esclarecimentos" – estes convites, segundo relatos, eram feitos no horário de saída das fábricas. Nessas ocasiões, João Carlos Haas (outro dos 4 desaparecidos gaúchos no Araguaia) foi visto muitas vezes e, numa delas, foi apresentado Vilson Pinto.

Nos debates acalorados que ocorriam durante o horário de almoço, Bronca geralmente não se fazia presente. Almoçar com a família foi um hábito que ele cultivou durante todo o período em que trabalhou e morou com a família em Porto Alegre. Possuía uma motocicleta – uma BSA inglesa – e morando próximo da fábrica, na Oswaldo Aranha (centro de Porto Alegre), ele tinha tempo suficiente para se deslocar até sua casa e voltar sem atraso à fábrica. Em casa, durante o horário de almoço, era o momento em que todos os membros se encontravam e as conversas fluíam, enquanto D. Ermelinda variava o cardápio diariamente, conforme o gosto dos filhos e do marido.

Trabalhando na Micheletto e militando no partido neste período, Bronca envolveu-se com a criação e o acompanhamento político de duas importantes associações de bairro nas quais, o PC, segundo depoimento de Gregório Mendonça, dava atenção especial e mantinha pelo menos um membro, para dar apoio no que fosse necessário. Ainda, segundo o mesmo depoimento, essas entidades eram, em síntese, associações reivindicatórias de base, que tinham a intenção de discutir política e "preparar" o povo para as mobilizações. O partido, segundo ele, mantinha contato e participava de outras associações, mas estas duas – Vila Jardim e Bom Jesus – foram fundadas por ele, e ele mantinha a direção política. Era uma motivação política, pois vivíamos num momento em que não precisava de nada para haver um quebra-quebra. Se houvesse um aumento de passagem que fosse, era motivo para nós partirmos pra o quebra-quebra, pra barbarizar mesmo e daí o pau comia, era a Brigada com espada (...).

A fala desse depoente narrando uma situação de Porto Alegre, por volta de 1964, nos permite perceber o clima de instabilidade política e as organizações de base em que tomaram parte alguns partidos políticos, neste caso o PCdoB, antevendo a preparação do povo para uma situação grave que não tardaria a acontecer, o golpe militar de 1964.

O partido vivia naquele momento uma fase de afirmação, pois, com apenas dois anos desde a reorganização, esperava firmar-se como força política junto à classe trabalhadora e, ao mesmo tempo, arregimentar mais integrantes para suas fileiras. Neste sentido, na situação local da Vila Jardim segundo o que o depoimento de Gregório Mendonça nos permite concluir, houve a deliberação do partido para que Bronca fizesse o acompanhamento político e, se preciso fosse, logístico. O que significava, em outras palavras, dar apoio tanto nas reuniões da associação, nas palestras e incentivar os moradores a participarem de cursos, quanto na preparação e elaboração de panfletos que eram produzidos para os moradores desse bairro. Houve um quebra-quebra na Vila Jardim e "durou três dias ali (...)

em confronto com a Brigada Militar; nesse movimento o Bronca estava presente." Havia também, além das lutas diárias, os momentos das "festas" da militância. Desse aspecto, Gregório ressaltou:

> (...) Era muito divertido. Aquela época todos nós éramos muito jovens, eu, o Paulo Assunção Gomes e o Bronca, nós bebíamos "um pouco" e daí era aquela festa no fim de semana. Ele vinha com a namorada, uma judia, no banco carona da moto e trazia um garrafão de vinho. Daí bebíamos muito e fazíamos discursos inflamados a favor da revolução (risos).

Apesar de Gregório enfatizar o fato da "pouca idade" dos militantes, Gregório possuía 28 anos e Bronca, quase 30. Naquela época, quando Bronca era indagado pelos colegas da fábrica na qual trabalhava porque ainda não havia se casado, ele respondia

> Só vou me casar depois que fizer a revolução. Depois da revolução, terei cabeça pra pensar em constituir família; antes disso, meu compromisso é com a revolução.

Em outro trecho dos depoimentos, Gregório Mendonça relata a presença de João Amazonas, poucos meses antes do golpe, na sede do partido na Galeria Glória, informando sobre a crítica situação do país no ano de 1964 e as projeções desanimadoras de resistência, caso houvesse um golpe militar, o que de fato ocorreu. Após a deflagração do golpe em 1º de abril de 1964, que esfacelou muitas organizações políticas, inclusive o partido, e apesar de fazer suas análises antevendo tal acontecimento, o

PCdoB não criou um mecanismo para manter contatos ou notícias entre os dirigentes e as organizações de base de Porto Alegre naquele primeiro momento crítico. Após algum tempo, a figura de Bronca foi novamente lembrada por outro depoente. Logo após o golpe, Bronca teria feito uma visita a Leonel Brizola e lá teriam conversado sobre a implementação da luta armada no Brasil; assim

> em certa ocasião, ele fez uma visita no Uruguai, ele (Bronca) puxou o cigarro do bolso pra fumar e o Brizola ansioso para fumar pediu um, daí ele foi agraciado por Brizola com uma caixa de fósforos de presente, ainda hoje guardada aqui em casa (...)

segundo a irmã, Maria Helena Bronca.

O relato de um membro da família sobre essa passagem da vida de Bronca nos auxilia a elucidar uma questão até então não compreendida. Não havia, ao que se sabe, uma proximidade do PCdoB com Leonel Brizola. Porém, os três depoimentos – de Gregório Mendonça, Vilson Pinto e Maria Helena Mazzaferro Bronca – evidenciaram a passagem – ou encontro – de Bronca com o político Leonel Brizola no Uruguai. Sobre esse aspecto Vilson Pinto destacou:

> A direção, como eu te falei (...) Foi essa: ele (Bronca) e o grupo deles lá (PCdoB) eles andaram dialogando com o Brizola sobre isso, para tocar o movimento, dar início à luta armada e o Brizola não aceitou. Isso aí eu sei, ele mesmo me disse.

Já o depoimento de Gregório Mendonça também nos dá alguns indícios:

> Eu sei que houve uma discussão do partido (PCdoB) com o Brizola. Foi um emissário lá discutir com o Brizola. Surgiu até um certo comentário assim, sabe (...) (risos) Entre o pessoal, de que o pessoal que foi do PCdoB pra conversar, porque o Brizola pediu o contato, e aí o Paulo Melo encaminhou o pedido, e aí foi uma pessoa, mas eu não sei quem foi essa pessoa, pode até ter sido esse companheiro, o Bronca, como representante do partido, de que se mostrou muito tímido, não falou nada (...) e aí o Brizola parece que descartou a possibilidade de haver uma aproximação maior.

O relato de Gregório Mendonça nos possibilita entender uma posição distinta da fala de Vilson Pinto de uma mesma situação, ainda obscura, sobre a tentativa de aproximação de Brizola com várias forças políticas, inclusive o PCdoB. No primeiro relato, o de Vilson Pinto, ele enfatiza o diálogo de Bronca com Brizola e a negativa deste último em dar direção à resistência armada. No segundo, foi Brizola, segundo o depoimento de Gregório Mendonça, quem se mostrou decepcionado pela indefinição ou "timidez" do partido em tomar parte numa luta armada naquele momento. Esses trechos são ricos em informações que possibilitam fazer uma análise da situação do partido e das demais forças políticas após o golpe de

1964. Sabe-se que, nesse momento, o partido já fazia acentuadas críticas aos movimentos armados chamados foquistas, de influência cubana. É sabido também que o partido vislumbrava, já naquele momento, um outro caminho para a luta armada, a guerra popular prolongada, de inspiração chinesa. Talvez por isso possa se explicar a "timidez" do representante do partido neste "encontro" com Brizola relatado pelos depoentes.

O PCdoB discordava, naquele momento, da iniciativa de pequenos grupos, sem direção partidária, a pegar em armas, conforme destacado no documento de agosto de 1964 intitulado "O golpe militar e seus ensinamentos". Esse documento ressalta, entre outras, a análise da questão camponesa como problema-chave para a revolução no Brasil. Enfatizando esse tema, o texto mostrou traços da guerrilha que seria, mais tarde, dirigida pelo PCdoB, no Araguaia, baseada na experiência e no modelo de guerra popular prolongada como caminho para a luta armada no Brasil. O documento apontou como imprescindível para a revolução: o trabalho com os movimentos e o povo do campesinato brasileiro sugerindo suas lutas no campo. Afirmou ainda que:

> a reação não pode concentrar-se em toda parte e o terreno conhecido pelos camponeses, em geral, é desconhecido para ela – o que – segundo tudo indica, no campo surgirão os primeiros focos de resistência aos inimigos do povo.

Durante o ano de 1965, provavelmente em junho – apesar de todos os livros e revistas sobre este tema apontarem esta viagem como acontecida entre os anos de 1966 e 1968 –, três relatos nos dão indícios da viagem de Bronca para a China. No primeiro, o de Michéas Gomes, ele ressaltou que uma primeira leva de militantes teria tomado o caminho da China logo após o golpe de 1964 e que nessa, provavelmente, o Bronca tomou parte:

> Nós sabíamos que uma primeira turma tinha embarcado para China e que passou lá uns seis meses. Nessa turma tinha membros, depois fiquei sabendo, como Tarzan de Castro entre outros. Provavelmente o Bronca tenha embarcado nessa leva, pois em 1966, junto com a minha turma, ele não embarcou.

Em outro depoimento, Gregório Mendonça destacou a ausência de José Huberto Bronca pouco depois da deflagração do golpe:

> (...) Ele sumiu do mapa, os dirigentes desapareceram. Até o Bronca, ele teve "desaparecido", só depois é que ele voltou. Não sei o que ele foi fazer, mas com nós ele não ficou (...)

Sabe-se que nessa época ele se desligou da fábrica na qual trabalhava como mecânico ajustador desde o ano de 1961. Vilson Pinto, um colega de trabalho da época, relatou o momento em que o Bronca se desligou da fábrica e o viu pela última vez:

> (...) depois do golpe, passou-se uns meses e ele (Bronca) foi demitido. Ele não pediu demissão, (faz um instante de

silêncio) ele foi demitido! Ele se despediu de uns quantos colegas. Depois disso, eu deixei de ver ele. Nunca mais o vi.

Antes do embarque para o exterior, foi para Rio ou São Paulo e sua viagem para a China se deu apenas em junho. Apesar de a família achar perigoso, nunca se colocou contra as suas atividades políticas ou mesmo fez críticas à postura do mesmo, mas as advertências do pai sobre os perigos a que estava exposto eram freqüentes. Huberto, seu pai, "era defensor do socialismo, mas o democrático", conforme sua irmã Maria Helena.

Essa viagem de Bronca fez parte de uma estratégia montada pelo partido para deslocar "turmas de comunistas" para fazerem estudos teóricos e treinamentos militares na China comunista. Hélio Ramires Garcia, integrante da turma de comunistas que embarcou para China em 1965 e lá se encontrou com Bronca, relatou como conheceu "Dino", codinome utilizado por José Huberto Bronca naquela ocasião:

> Cheguei pela tardinha do 13 de junho de 1965 (...) Aguardava-nos um grupo de funcionários do PCCh. Presente o senhor Li Bei-hai, como intérprete, que nos conduziu (Ari, Gérson e eu) até as instalações onde ficaríamos hospedados durante a parte do curso que, posteriormente nos informaram, seria realizada em Pequim. Já lá estavam Dino, Ruy e Guilherme (...) Dino era o próprio Bronca e do seu nome só tomei conhecimento, penso, após a 6ª Conferência,

tempos depois (...) Ruy era Paulo de Assunção Gomes e Guilherme era Manoel José Nurchis, que me pareceu já conhecido de Bronca. Imaginei que também fosse gaúcho, pelos chistes com Dino e Ruy, imitando o jeitão gaúcho. Conheci o Bronca, então, no dia 13 de junho de 1965 em Pequim. Ele (...) lembro-me agora, nos foi apresentado como o chefe da delegação (ou Li Bei-hai nos informou ainda no caminho do aeroporto até a casa de hóspedes) (...) Ele – Bronca –, ainda naquela mesma noite, nos informou sobre os procedimentos, as duas etapas do curso, acomodações, horários, etc (...) E que ainda estavam por chegar dois ou três integrantes da delegação.

O depoimento acima nos permite concluir que Bronca antes da realização da 6ª Conferência na qual foi eleito membro efetivo do CC do PCdoB, gozava, a exemplo de Paulo M. Rodrigues e João Carlos Haas, de grande prestígio e confiança dos membros do Comitê Central. Numa viagem como aquela, árdua e cuidadosamente preparada por Carlos Danielli (membro do Comitê Central do PCdoB), cuidava-se de todos os passos e prováveis erros que pudessem ocorrer. Receber do partido a tarefa de chefe da delegação foi, inequivocamente, uma demonstração de confiança na capacidade de Bronca em representar o partido na China ao delegar-lhe a responsabilidade de conduzir ao máximo o aproveitamento dos comunistas ali instalados. Sua tarefa foi fazer, no período em que os comunistas lá estivessem, um tempo de estudos teóricos e militares e de dedicação máxima ao aprendizado do exemplo chinês. Nesse aspecto, na nossa análise, essa delegação cumpriu os objetivos traçados logo na chegada pelo chefe da delegação de comunistas. Hélio Ramires Garcia, militante comunista, relatou sua "rotina" durante sua viagem à China e chefiado por Dino (Bronca):

> Os dias de semana eram quase todos utilizados para estudo (...) raramente para visitas (a fábricas e estabelecimentos que não funcionavam aos sábados e domingos). Café às 7:00 h (...) Estudo individual das 8:00 até às 11:00 h (ou conferência de algum especialista – com tradutor, naturalmente – filosofia, partido, frente única, formação de quadros, clandestinidade (...) etc.) e, vez por outra, debate final em grupo (após uma conferência sobre determinado tema seguida de estudo individual – dependendo do tema em estudo, de dois ou três dias, até quatro dias) (...) O período da tarde, após almoço (que sono no intenso e seco calor pequinense) era utilizado da mesma forma: conferência, estudo individual, debate no grande grupo (...) Conferência final depois da apresentação dos resultados do debate (...) Às vezes, era necessário escalar alguém para ser o "advogado do diabo", para ser o criador de caso (...) inventar uma interpretação esdrúxula (...) caso contrário (...) unanimidade nas opiniões (...) rotina (...) O material de consulta era constituído apenas de

textos de Mao (...) Nenhuma reclamação (...) Ele – Mao
– era muito bom. Escapando: de 6 até as 7 (...) atividades
físicas: ginástica sueca, tai-chi-chuan e uma "pelada"
com os "espanhóis" (...) Tudo rotineiro (...) Pela noite:
quase todos os dias, atividades de natureza cultural ou
esportiva: tênis de mesa, futebol, parques e jardins, teatro, Ópera de Pequim (...) cinema (na maior parte das
vezes no próprio cine da "casa") (...) um prédio enorme:
dormitórios duplos, sala de estudos, de música (um piano
e uma vitrolona antiga e discos de vinil, russos) (...) sala
de bilhar (...) refeitório, cinema, cozinha (...) prédio de
dois pavimentos, recém-construídos (...) cercado por altos
muros e guardados por soldados do EPL (...) Raramente
ficávamos sem atividades a jogar conversa fora com os
espanhóis ou a jogar boloticas, peteca ou xadrez chinês
(...) Tudo rotineiro, como se depreende (...)

Nessa viagem Bronca também viu muitas coisas
que o encantaram. Entre as quais,

Em Pequim, todos os sítios históricos e pitorescos: o
complexo dos jardins, lago e Palácio de Verão, o Palácio
Imperial também chamado de "Cidade Proibida", o Templo do Céu (acho que foi em Pequim) (...) o Planetário, o
Museu da Revolução e da História e a APN – Assembléia
Popular Nacional, situados na Praça Tien-anmen (...) parques, pagodes em penca (...) havia Budas de todo tipo e
jeito (...) fábricas, conjuntos residenciais, creches, muito
bom ver o Palácio das Nacionalidades na avenida Chang-

An (...) a Muralha a (...) 90 km ao Norte de Pequim (...) majestosa (...) O sítio conhecido como "As treze tumbas", duas das quais já abertas (...) jazigo de imperadores da dinastia Ming.

Ainda no depoimento de Helio Ramires Garcia. Além de tudo isso, Bronca e os demais comunistas foram saudados, assim como as demais delegações estrangeiras ali presentes, pelo próprio Mao Tse-tung durante o 16º aniversário da Revolução Chinesa em 1º de outubro de 1965.

No retorno ao Brasil, comprou alguns presentes para a família, mesmo sob riscos, trouxe um belo corte de seda chinesa para sua irmã, um broche e alguns saquinhos com sementes de plantas típicas da China, ainda mantidos com muito carinho e zelo por ela. É provável que ele tenha regressado ao final de 1965 a Porto Alegre. No período entre 1965 e 1966, segundo relatos, ele teria exercido tarefas enquanto membro do PCdoB, junto aos operários da empresa em que havia trabalhado até 1964. Num desses momentos, um depoente, José Ouriques Freitas, relatou um desses encontros:

> Eu participei de reuniões em que Bronca estava com metalúrgicos da Michelleto, onde o Bronca trabalhou, para tratar de ações dentro da fábrica, ações sindicais (...) Isso em 1965 e 1966. Participei de reuniões. Ali era o centro político, a Michelleto. Ficava perto da faculdade de Medicina, tinha os bondes, tinha a Carris na época.

O relato de um militante do movimento sindical à época levanta indícios de que Bronca, ainda, estivesse desempenhando tarefa partidária um pouco antes de partir definitivamente de Porto Alegre. Há indícios de que essas reuniões, algumas vezes, ocorreram nas casas de militantes do partido, para onde os operários eram levados.

Em 21 de abril de 1966 Bronca comunicou à família que iria viajar, não definiu para qual lugar, pois, ao que nos parece, não havia mais condições para permanecer em Porto Alegre. Sua mãe, Ermelinda Mazzaferro Bronca, relatou sobre a última vez que o viu em Porto Alegre e, segundo ela, "Faz trinta anos. Eu não sabia onde ele estava morando. Fui levada a uma casa, eu e meu marido, por amigos dele. Ele havia dito que queria se despedir de mim (...)" Essa data ficou gravada para sempre na memória de todos membros da família, como nos evidenciou o relato de sua irmã. "Eu me lembro como se fosse hoje. Eu não estava em casa. Ele se despediu de todos. Foi no dia de Tiradentes".

JOSÉ HUBERTO BRONCA (segundo à direita) Guarnição de remo.
Clube de regatas vasco da Gama. 1952

JOSE HUBERTO BRONCA (segundo à esquerda) e Carlos Huberto Bronca
(seu irmão, terceiro à esquerda) com amigos em Porto Alegre/RS.

Semana a pátria:
desfile de 05 de setembro de 1953.

Formatura do curso industrial da Escola Técnica Parobé. Porto Alegre/RS.

José Huberto Bronca junto a um motor de avião na escola Varig de aeronáutica (EVAER), 1954.

Certificado de conclusão do curso de mecânico de manutenção de Aeronoves - Varig em 05/02/54.

José Huberto Bronca na infância com os aeromodelos que construía.

Fotos de José Huberto Bronca publicadas em reportagem da "Revista do Globo" n. 787, de 04 de fevereiro de 1961. Porto Alegre/RS.

José Huberto Bronca - Formatura do curso da Varig (primeira turma do curso) em 15/02/1954. Escola de Varig de aeronáutica - EVAER

Cuba e China: duas concepções de luta armada

No mesmo período, destacam-se registros de 1966 que demonstram as incursões de dirigentes do partido a distintas regiões à procura de uma área que fosse apropriada para início de treinamento de militantes para a guerra de guerrilhas no campo, como ressaltou João Amazonas, em depoimento à autora:

> No início, uma das preocupações foi a escolha dos locais. Foram criadas três frentes de trabalho. Uma coube a Pedro Pomar, e outra a Carlos Danielli. A terceira ficou sob responsabilidade de Maurício Grabois e João Amazonas.

Dessa perspectiva, justifica-se a preparação militar que o PCdoB empreendeu ao enviar dirigentes para a China e depois militantes para curso e treinamento de guerrilhas, muitos daqueles depois ingressaram na região do Araguaia.

Após sua partida de Porto Alegre, o DOPS – Departamento de Ordem Política e Social – fez algumas "visitas" à casa de seus pais na busca por alguma pista que levasse até José Huberto Bronca.

> Eu me lembro (...) Eles revistaram tudo. Reviraram um quartinho nos fundos onde o Zé (Bronca) ficava lá por lon-

gas horas, mas nada encontraram que nos comprometesse. Ele pensou em nós. Não quis nos comprometer (...)

Relata Maria Helena Bronca. Depois desse fato, a única notícia que a família recebeu, da polícia, foi a reportagem do jornal *Zero Hora*, o de maior circulação no Estado. Na manchete estava estampado o rosto de Bronca e de mais dois militantes. A reportagem, sob o título de "Na trilha dos guerrilheiros", acusou Bronca, e os outros dois, de serem fundadores do Partido Comunista do Brasil. Ressaltou ainda que Bronca participou da reorganização do PCdoB. É provável que essa reportagem tenha sido produzida a partir do momento em que o DSSI tomou conhecimento do relatório do DOPS sobre os "brasileiros que viajaram para a Chinacom" (China Comunista) e desde então as atenções sobre José Huberto tenham sido redobradas.

Havia, no pós-golpe, uma vigilância ostensiva sobre os militantes de esquerda no geral, e um tanto maior sobre os comunistas e mais ainda sobre aqueles indivíduos, comunistas ou não, que tivessem viajado naquele período para Cuba ou para a China. Esses últimos foram considerados cidadãos da mais alta periculosidade pelos órgãos de segurança do regime militar. Cuba foi o caminho escolhido pela maioria dos grupos, para treinamento e apoio financeiro, que enveredaram na luta armada nas cidades, a chamada guerrilha urbana. Gregório Mendonça, um guerrilheiro gaúcho daquela época que militou no grupo MRS-26 e depois na VPR – Vanguarda Popular Revolucionária, integrante da frustrada tentativa de implementação da Guerrilha do Caparaó, ligados a Brizola, nos descreveu sua viagem para fazer treinamento em Cuba:

> Pra eu ir pra Cuba foi assim: nós tínhamos o contato político que era o Paulo Melo, ele era um cara muito influente, ele era operário da construção civil, e conhecia muito bem o Brizola (...) Não só ele (Brizola) como muitas outras pessoas. Ele (Paulo Melo) foi pra Montevidéu (em 1964 ou 1965) e conseguiu os contatos; lá como havia condições de viagem pra fazer esse curso em Cuba, ele indicou algumas pessoas pra fazer esse curso. Na época, o primeiro a viajar daqui do Rio Grande do Sul fui eu. Então o Brizola era o cara que tinha os contatos em nível internacional. Ele foi procurado pelos dirigentes cubanos (...) Todo mundo queria ir pra Cuba, aquela experiência qualificava muito o militante para a luta armada.

O relato acima nos permite perceber a importância atribuída aos cursos de treinamento guerrilheiro em Cuba. Embora, em síntese, os treinamentos práticos fossem cursos de tática de guerrilha – teoria e prática – estes consistiam em:

> Operação de cerco, divisão de área, rastilhamento e aniquilamento. Essas táticas são empregadas pelos exércitos regulares em qualquer situação de guerrilha, tanto faz, revolucionária ou contra-revolucionária. O exército usa essa

divisão na prática militar. Na guerrilha, faz-se o curso tático, faz ação e sabotagem, que aí entra explosivo, sobrevivência na selva, primeiros socorros e armamentos, que você é obrigado a conhecer todo e qualquer tipo de arma (...)

Apesar de indícios de que dirigentes do PCdoB fizeram incursões a Cuba, optaram pelo caminho estratégico e tático adotado por Mao Tse-tung, o da guerra popular prolongada. Era na tática do campo e na teoria da direção política que o treinamento de Cuba se diferenciava do modelo de guerrilha orientado pelo partido. Sobre a concepção da experiência cubana, um militante comunista, Michéas Gomes de Almeida, com treinamento na China, depois guerrilheiro no Araguaia, ressaltou:

> O acontecimento de Cuba, para nós do PCdoB, foi único e a América Latina não reunia condições de acontecer novamente. Quando fomos para a China nós já tínhamos essa compreensão (...)

Sobre a viagem à China em 1966, de um dos grupos de comunistas do PCdoB, do qual alguns militantes que combateram no Araguaia fizeram parte, Michéas de Almeida nos descreveu suas impressões sobre o país:

> Nós tivemos uma recepção como os grandes estadistas. Depois discutimos o tempo que nós íamos ficar lá. Dentro desse tempo foi feito um plano de atividades. Tais atividades foram distribuídas entre atividades práticas, teóricas e culturais. Eles definiram até como seria a nossa rotina do dia-a-dia, inclusive o nosso lazer. Dentro disso,

nós tínhamos uma agenda de estudos muito rígida, porém havia o lazer intercalado para nos dar fôlego para continuar os treinamentos. Os ensinamentos teóricos e práticos, políticos e militares, nós estudamos a experiência desenvolvida na China, não tinha nada a ver com o Brasil, mas as leis de sobrevivência e de luta contra a desigualdade era igual em todo o mundo (...) Passamos um ano e meio lá estudando Mao Tse-tung, praticando seus ensinamentos (...)

Um outro militante, o já mencionado Helio Ramires Garcia, que viajou um ano antes junto com Bronca, também nos ressaltou o empenho nos estudos teóricos, e traduziu o que a memória de Michéas Gomes de Almeida não conseguiu fixar, relatando com mais precisão os textos e trabalhos desenvolvidos durante as leituras dos mesmos.

Além desses quatro textos básicos, mais densos, técnicos, Mao Tse-tung forjou um exército de novo tipo (...) e identificado com as massas camponesas e por estas apoiado. Para isso, redigiu diretivas claras quanto ao comportamento do exército, seu elevado preparo político e como unidade de produção e de combate: eu os chamaria textos político-militares (...) Estudamos todos, além de ouvir palestras de velhos combatentes e sobreviventes da "Longa Marcha" e de ver aqueles enormes mapas militares cheios de flechas azuis e vermelhas (...) uma confusão (risos) (...) Os textos sobre a guerra prolongada foram: "Problemas da guerra e da estratégia"; "Sobre a guerra prolongada

(1938)"; "Problemas estratégicos da guerra revolucionária na China (1936)"; "Problemas estratégicos da guerra de guerrilhas antijaponesa"; "Concentrar forças superiores para aniquilar as unidades inimigas uma por uma (1946)". Esses foram, ao que me parecem, os textos militares técnicos (...) Ainda outros, os textos políticos para o exército: "Nova proclamação das três grandes regras de disciplina e das oito recomendações"; "A luta nas montanhas Chingkang"; "Fazer do exército um corpo de trabalho (1949)"; "Sobre a produção pelo próprio exército dos bens de que necessite (1945)"; No texto "Sobre o governo de coalizão" (Tomo IV): "A guerra popular" (abril de 1945); também uma série de diretivas sobre a organização da produção nas zonas liberadas e nas zonas de guerrilhas, o exército e os quadros como força de trabalho e, também, diretivas para distintas campanhas militares.

Esses três depoimentos, distintos em suas análises e narrativas, nos permitem compreender as concepções e os caminhos diferenciados de luta armada da qual tomaram parte os diversos grupos políticos brasileiros. Na primeira fala, a tática é muito valorizada. Os treinamentos práticos e os conhecimentos da própria situação da guerrilha são mais valorizados, enfatizando dessa forma os conceitos descritos no livro *Guerra de guerrilhas*, de Ernesto Che Guevara. Entretanto, em nenhum momento o primeiro depoente ressaltou o estudo teórico como fator fundamental que prevaleceu em seu tempo de treinamento em Cuba. Já no segundo e terceiro depoimentos, o tempo nos pareceu ganhar mais significado. Ele definiu o trabalho a ser desenvolvido e o fluxo das atividades foi intercalado com o entretenimento esportivo e cultural. O estudo dos escritos teóricos ganhou mais espaço e a preocupação dos chineses em dosar essa "estadia" na China com o entrosamento aos hábitos e a cultura local demandou, na prática, o uso de um conceito básico do modelo de Guerra Popular Prolongada implementado por Mao Tse-tung. A riqueza dos relatos acima nos auxiliou a entender o conhecimento e os estudos aos quais Bronca teve contato quando esteve em "visita à China". Essas narrativas foram trazidas também para elucidar algumas questões divulgadas a respeito de José Huberto Bronca. A primeira, é que "Bronca viajou para a China em 1968 – novamente? – onde realizou curso de guerrilha na Escola Militar de Pequim; e, em 1971, viajou para Cuba onde realizou curso de guerrilha urbana e explosivo", segundo um relatório militar, e pouco provável, na nossa análise. Dadas as tantas dificuldades enfrentadas para driblar os órgãos de segurança, inclusive a Central Intelligence Agency (CIA), no retorno ao Brasil da viagem à China em 1966, pensamos ser pouco provável que o partido tivesse decidido que esse militante empreendesse nova viagem para o exterior. O DOPS, informado de sua ida à China, emitiu informativo no qual constou ordem de busca e localização com urgência do mesmo. Em 1971, segundo relatos de moradores e guerrilheiros sobreviventes, fazia dois anos que Bronca havia se estabelecido na região do conflito, não havendo, praticamente, condições para que o mesmo pudesse viajar novamente para o exterior. É sabido que, nesse momento, Cuba depositava sua confiança e provisões logísticas na guerrilha dos grupos urbanos, principalmente a ALN – Aliança Libertadora Nacional, dirigida pelo dissidente comunista Carlos Marighella.

A vida clandestina no Rio de Janeiro e em São Paulo

Sínteses biográficas de diversos livros também enfatizam a vida clandestina de Bronca no interior do Rio de Janeiro e depois em São Paulo. Essas informações foram divulgadas por pessoas que conviveram com o mesmo nesse período ou, ainda, por sobreviventes do Araguaia que as ouviram de pessoas próximas a ele, ou, algumas vezes, dele próprio. Não foi possível, infelizmente, contar com relatos mais precisos a esse respeito, porém consideramos essa uma hipótese provável, pois o momento em que o mesmo se ausentou de casa, em abril de 1966, distancia-se do período dos primeiros relatos de sua chegada à região do Araguaia em 1969. O período descrito nestas sínteses coincide com o período em que Bronca sai de Porto Alegre – clandestino – sob a argumentação de que está sendo perseguido pelo DOPS. Sobre esse período, assim se refere uma síntese:

> Em 1966, foi viver na clandestinidade no Rio de Janeiro. Homem muito simples, vivia num pequeno quarto em São João do Meriti, RJ, onde seus únicos haveres eram uma troca de roupas, uma esteira, um pequeno fogão de que-

rosene e uma gaita. Foi dos primeiros a chegar ao Araguaia, em meados de 1969 (...)

Um membro da família Bronca, quando questionado sobre essa passagem da vida de José Huberto, assim nos respondeu: "nunca soubemos disso na época". Essa afirmação nos possibilita entender que ele, por segurança, não manteve contato com a família. Porém, o mesmo membro reconheceu algo, a gaita, que talvez vislumbre uma certa veracidade dessa clandestinidade então desconhecida pela família. Pediu à mãe, por meio de amigos, que a família lhe enviasse sua gaita e algum dinheiro. A gaita de boca era o instrumento musical que José Huberto Bronca mais apreciava; ainda: "interessou-se pelo violino, mas gostava mesmo era da gaita de boca, que tocava com maestria". Instrumento que se toca geralmente sozinho, é provável que a gaita tenha sido sua mais fiel companheira durante os longos dias e noites de insegurança e apreensão no período em que viveu em São João do Meriti, no Rio de Janeiro, e na Rua Júlio Prestes nº 20, em São Paulo. Coincidentemente, esse instrumento que ele tanto estimou teve origem, segundo apontam, na China milenar, onde ele havia treinado para empreender a guerra de guerrilha na região do Araguaia. Após sua partida, escreveu

> esporadicamente, recebíamos bilhetes e cartas suas, como por exemplo, quando seu pai faleceu em 1970. Essa corres-

pondência não tinha referência de onde partia, razão pela qual nunca soube de seu paradeiro durante muitos anos.

Segundo o relato de sua mãe, Ermelinda Mazzaferro Bronca. Essa última carta "coincidiu" com a data do falecimento do pai, o que evidenciou, de alguma forma, que o mesmo teve conhecimento do ocorrido. Lamentou o fato do pai não ter tido tempo de presenciar a futura festa da igualdade no Brasil. Essas foram as palavras que mais marcaram e que nos deram indícios de que o mesmo se referiu à derrota política do governo ditatorial de então pelas forças guerrilheiras do Araguaia e ainda o estabelecimento da democracia social e política no Brasil. Segundo sua irmã, havia o pedido freqüente para que as cartas fossem destruídas, e "assim o fizemos com todas".

O "Fogoió" ou "Zequinha" chega à região do Araguaia

Sabe-se pouco sobre os detalhes da viagem de Bronca até a região do Araguaia. Morando entre o Rio e São Paulo na clandestinidade – sendo militante comunista antes do golpe de 1964 – possivelmente tenha vencido todas as etapas de triagem deliberadas pelo *bureau* político do partido para aqueles militantes que haviam sido designados pelos comitês estaduais. O caso de José Huberto Bronca era diferente, como um quadro político reconhecido do Rio Grande do Sul, assim como Paulo Mendes Rodrigues e João Carlos Haas, de incontestável fidelidade partidária e preparado anteriormente para assumir essa tarefa. Desde seu treinamento na China em 1965, tornou-se incompreensível, para nossa análise, os três anos que separam o ano de sua saída de Porto Alegre, em 1966, até a data de sua chegada à região do Araguaia, entre fins de 1969 e início do ano de 1970. Faltam informações. Sabe-se também que a repressão nas cidades estava em seu ápice, principalmente a partir decretação do AI-5 em 1968. Torna-se intrigante tentar entender como viveu José Huberto Bronca, quando sua fotografia já havia sido estampada em jornais de grande circulação. Certamente cumpria alguma tarefa partidária, ou as condições necessárias para sua ida à região do Araguaia – onde Osvaldo Orlando da Costa (o Osvaldão do Araguaia) já habitava há anos e a quem Bronca e outros se juntaram quando lá chegaram – ainda não estavam dadas. Sobre a chegada de Bronca e outros a essa região, um morador (Francisco Maciel Lima) referiu que

> (...) passando por uns tempos, em 1970, ele (Osvaldão) persistiu aqui dentro por volta de uns 60 dias. Quando ele tá aqui nesse período, chega Zequinha (o Bronca), Amauri e Flávio. Esses três botaram uma farmaciazinha lá, e aqui nesta dita casa eu tinha um pequeno comércio.

Sabe-se, que após chegar à região, o "Zequinha" se dividiu entre o papel de balconista e abastecedor de um pequeno comércio – prática comum dos destacamentos para manter próximo o vínculo com os moradores – que abastecia a população daquela localidade com uma diversidade de produtos que na época eram raros e, quando o encontravam, eram caros. Essa também foi uma iniciativa deliberada pelo partido em montar esses pequenos comércios e farmácias para aproximar os moradores e cobrar deles um preço justo apenas com o intuito de repor as mercadorias. Essa foi a primeira ocupação que o "Zequinha" desempenhou para justificar sua chegada àquela região. Porém, sua atividade era diversificada, como observou um morador:

Então, eles vendiam só remédio, mas quando coincidia que Flávio ficava permanente no balcão, Zequinha pegava o remédio e subia pro mato, e Amauri ia a Imperatriz, Marabá, Araguatins, era a missão dos três. E continuamente, quando você botava fé, tava os três na casa, eles não tinham assim muita comunicação com o povo. Só o Amauri sempre tinha mais aquela comunicação, mas o Zequinha era no balcão (...) É (...) o Flávio no balcão, e o Zequinha no mato. E o Amauri sempre comprava os remédios e trazia pra nós. Sempre eles cansaram (...) Passavam o comércio por aí vinham comprar às vezes negócio de comida aqui em casa, batatinha, cebola, alguma conserva, o Amauri sempre gostava de vir comprar aqui (...)

Assim a vida do "Zequinha" seguiu o curso calmo e normal, de acordo com as condições, naquela região antes do conflito. Ele dividiu-se entre o balcão e o abastecimento da pequena farmácia, até o dia em que saíram da região sem nenhuma justificativa convincente:

Quando foi pelo mês de junho de 1971, eu fui até Imperatriz fazer umas compras; quando eu cheguei, eles tinham ido embora, todos os três. Por sinal, eles vieram aqui em casa e ofereceram tudo que tinham. Eu vendia, assim, remédio caseiro, me ofereceram os trenzinhos deles e me dava por um bom preço. Mas quando eu cheguei, eles tinham saído prá ir embora. Recebi só o recado porque minha esposa falou. Aí eu digo, não, foram embora. Aí de-

> pois rodando encontrei o balcão na casa de outro amigo aí parece que até do Flávio também, e o remédio eles pegaram embolaram e sumiu. Isso passando, não vi mais o Osvaldo, nem o Zequinha, nem Flávio, nem Amauri. Quando é já no início do inverno, pelo mês de outubro, eu tô no Araguaia um dia quando vem descendo o Zequinha, aí eu perguntei pelo Flávio e Amauri (...) Nós se entrosava, ele disse: "não, eu tô em Santa Cruz". Aí veio descendo, o Zequinha muito pálido, e ele era bem vermelho, muito pálido (...) Não vi mais nem Zequinha, nem Flávio, nem Osvaldão, nem Amauri, não vi mais nenhum deles (...)

O relato desse morador nos permite compreender, entre outras coisas, a maneira repentina como foram "embora" para a mata. Bronca e outros, após a notícia de que as tropas do Exército estavam se aproximando daquela localidade, como descreveu o Relatório Arroyo sobre esse momento do ataque das forças oficiais:

> No dia 12 de abril foi atacado o Destacamento A. O comando enviou um companheiro para avisar o Destacamento B. Por sua vez, o Destacamento C, que havia sido atacado dia 14, avisou a Comissão Militar (CM) através de um dos seus membros que lá se encontrava (...)

A busca de alguns membros do Exército foi principalmente a Osvaldão, que passou a ser procurado, e também os demais, como terroristas ou mesmo assaltantes de banco entre outras denominações incompreensíveis, até hoje, para os moradores daquela região, como demonstrou Abdias Soares da Silva, outro morador, em seu relato:

> (...) Nessa ocasião, e que quando foi um dia em vi falar que tava prendendo esse povo aí, porque disseram que era terrorista, eu até fiquei assim (...) "Mas terrorista é desse jeito", eu não sabia que diabo era terrorista. Eu pensei que terrorista era o pessoal que provocava terror, que matava, que roubava, que fazia essas coisas (...) Eu pensava que terrorista era outra coisa, diferente, mas não o que eles tavam praticando aí (...) Eu não achava que fosse terrorismo (...)

Daquela maneira, o Exército procurou amedrontar a população e, com isso, causar um misto de delação e aversão aos "paulistas" (guerrilheiros) que não eram vistos pelos moradores como guerrilheiros, tampouco como "terroristas". Esse depoimento nos aponta as impressões confusas e inexplicáveis, para a população da região, sobre as informações espalhadas pelos homens das forças oficiais. Dessa maneira – sem ter tempo de explicar ao povo quem eram e o que foram fazer naquele lugar – José Huberto Bronca e os outros paulistas embrenharam-se na mata e lutaram até 1974, alguns dizem no início de 1975, data do final da guerrilha, com a maioria morta e alguns prisioneiros.

Morte, prisão, tortura e execução no Araguaia

Após se embrenharem nas matas do Araguaia, pouco se sabe sobre os destinos dos guerrilheiros. Praticamente, "tudo" o que conhecemos sobre os "desaparecimentos" e as mortes desses guerrilheiros foi obtido, principalmente, por meio de relatos de moradores da região do conflito aos familiares na primeira caravana em 1980. Tais narrativas também contribuíram para a composição do texto do Relatório Arroyo, publicado, pela primeira vez, em 1982, que "explica" com base na vivência de Arroyo. Além dos depoimentos de moradores e combatentes, conta o desenrolar de vários combates nos quais tombaram muitos guerrilheiros e militares. Quando se fala hoje em Guerrilha do Araguaia, busca-se, principalmente na memória dos moradores da região, os vestígios mais significativos desse episódio recente da história do Brasil, e que foi o movimento armado de maior resistência às forças oficiais, durante o período ditatorial do país entre os anos de 1972 e 1975.

A dureza e a crueldade com que foram tratados os guerrilheiros e a população local da região do Araguaia pelas forças oficiais, sobretudo pelo Exército, deixaram marcas perceptíveis ainda hoje, tanto na memória dos que conviveram com os guerrilheiros quanto daqueles que não os conheceram, mas que também sofreram humilhações e torturas empregadas na "caçada" aos comunistas. Os moradores e camponeses – as primeiras vítimas – guardam em suas memórias a sombra de um passado doloroso em relação a tais acontecimentos, tidos como proibidos durante muito tempo pela população.

As pesquisas mais recentes produzidas por jornalistas e historiadores, em relação à ação das forças oficiais no episódio do Araguaia, dão mostra dos dias difíceis nos quais a população simples teve de conviver com o terror e a imposição em nome da ordem. Assim, a chegada das tropas do Exército para combater os guerrilheiros se traduziu em sentimento de medo, como enfatizou um morador:

> Foi de desespero. A primeira coisa que as tropas fizeram foi render todos os pais de família daquela época. Inclusive meu pai foi preso, passou oito meses na cadeia, depois para Araguaína (...)

Estabelecidos na trincheira da "guerra" que se abateu sobre aquela região, os moradores foram, ao mesmo tempo, atores e testemunhas de grandes arbitrariedades cometidas pelas Forças Armadas indiscriminadamente. Foram também, todavia, as principais testemunhas de que muitos guerrilheiros morreram em combate, de que outros foram presos vivos e depois torturados, mortos, decapitados, enterrados naquela região. Cada depoimento ou cruzamento de novos relatos de moradores, cada sopro de memória contribuem para a formação do mosaico de incerteza e desencontro em relação ao suplício, morte e os últimos momentos de vida dos guerrilheiros diante das atrocidades cometidas pelo Exército. Vale ressaltar que se buscou aqui levantar indícios que demonstrem que as Forças Armadas ocultam, durante todo esse tempo, a veracidade dos fatos ocorridos dentro e fora das matas do Araguaia durante os combates e após o término da guerrilha. Há vestígios significativos que apontam que muitos dos guerrilheiros combatentes no Araguaia foram aprisionados com vida, entre o quais, provavelmente os gaúchos José Huberto Bronca e Cilon Cunha Brum.

José Huberto Bronca / Fogoió – 13/março/1974 (Mar)

Comissão Militar, parte da guarda. Visto pela última vez no Natal de 1973.

A vida simples, porém honesta, levada por José Huberto – Zeca, Zequinha ou Fogoió – dentro da mata, foi, ao que parece, conflituosa. A saída às pressas para dentro da selva, sem a devida preparação psicológica, certamente provocou nele as alterações de humor e insegurança descritos no relatório Arroyo. Vale ressaltar que, após o período de clandestinidade, vivendo em uma situação de extrema precariedade, às escondidas, entre o Rio de Janeiro e São Paulo, longe do conforto do lar em Porto Alegre, a vida em meio à "liberdade" na região do Araguaia, mesmo em condições humildes, provavelmente significou a redenção depois de um longo e tenebroso período de obscurantismo político e social.

Em meio ao povo da região, conversando durante as vendas de produtos da farmácia, Bronca certamente pôde praticar, com liberdade, aquilo que mais sabia e fazia com gosto: ativar sua capacidade de eloqüência e, durante os treinamentos sigilosos na mata, exercitar o conhecimento mecânico nas precárias armas do grupo, tornando-se conhecido também como armeiro. Assim, talvez, desligado bruscamente dessas duas grandes habilidades, possamos compreender os conflitos e angústias, dos quais destacou Arroyo, que se encerraram na cabeça de Bronca.

Bronca pertenceu, como vice-comandante, aos quadros do destacamento B que tinha como comandante o temido guerrilheiro Osvaldo Orlando da Costa, o Osvaldão. No início dos ataques, quando se iniciou a primeira campanha, ambos mantiveram a lucidez necessária para recuarem para os refúgios improvisados, evitando que houvesse confronto direto com as força inimiga. Usaram os conceitos básicos da guerra de guerrilha, evitar o ataque frontal, que impediram perdas significativas de combatentes e de munição. Ambos, com os conhecimentos que tinham sobre guerrilha, fizeram jus aos investimentos do partido na sua preparação, nos anos anteriores à deflagração desse conflito, em cursos teóricos e práticos no exterior sobre armamento e guerra de guerrilha.

Num período posterior, Osvaldão passou a integrar a CM e Zeca assumiu o comando do destacamento B. Nesse momento, o relatório registrou o conflito de Bronca, já mencionado anteriormente, assim sintetizado:

> surgiu um sério atrito entre o vice-comandante Zeca e os demais membros do destacamento. Zeca, irritado, insultou

muitos companheiros e acabou dizendo que ia se demitir do cargo. Ele não tinha nenhuma razão e, com isso, perdeu a autoridade.

Segundo o relatório Arroyo. Já os relatos de Michéas Gomes de Almeida revelam um problema de outra ordem, pois afirmam que:

> Fogoió assumiu o comando do B, quando Osvaldo passou a integrar a CM. Nessa mesma época, Bronca teria sofrido uma crise de depressão.

Logo após a emboscada, que culminou com as mortes de Juca, Flávio e Gil durante o início da segunda campanha, em 30 de setembro de 1972, a CM reuniu forças para sanar a situação conflituosa que havia sido criada com a crise de Zeca. Ainda segundo o relatório Arroyo:

> (...) A CM discutiu a situação criada pelo vice-comandante do B e decidiu retirá-lo do cargo e incorporá-lo à guarda da CM (como vice-comandante). Indicou Simão no lugar de Zeca no B.

Ficou, mesmo depois da situação de intranqüilidade instalada pelo conflito, o indício de que a CM pôde confiar na habilidade e no preparo político de Zeca, aproveitando-o para a guarda da CM.

Depois disso, a referência feita no relatório Arroyo sobre Zeca desapareceu, pois, ele esteve incluído nas ações e movimentações da CM, da qual naquele momento ele ocupava o posto de guarda, até a emboscada que ficou conhecida como "grupo do Natal" na qual morreram muitos guerrilheiros e foram presos outros, entre os quais Zeca.

No período anterior a esse fato, em novembro de 1973, a CM decidiu, após balanço da situação das forças guerrilheiras até então, unificar os três destacamentos. A CM avaliou equivocadamente que "a ofensiva do inimigo não era tão grande, aparecia com pouca força". Depois disso, o que se sabe é que "No dia 25 de dezembro, o Exército cercou o acampamento apoiado por helicópteros e um avião – desse ataque resultou a queda da Comissão Militar". Registra-se aí o desaparecimento de Zeca, pois se sabe que ele estava presente no local em que houve o ataque:

> Os membros da CM e sua guarda ficaram num ponto mais alto do terreno, e os demais ficaram na parte de baixo. Na hora do tiroteio, havia 15 componentes no acampamento: Mário, Paulo, Pedro, Joca, Tuca, Dina (com febre), na parte alta; embaixo: Zeca, Lourival, Doca e Raul (estavam ralando coco babaçu para comer), Lia e Lauro faziam guarda. Osvaldo e Batista realizavam a camuflagem.

Depois disso, o que se soube, durante muito tempo, sobre o paradeiro de Zeca, foram declarações espaçadas e evasivas de moradores e militares. Foram "histórias" desencontradas que levantavam indícios de que ele teria sido aprisionado e três meses depois executado pelos militares, porém, a descrição sobre esses últimos momentos da vida de Bronca pelo jornalista

Elio Gaspari em: *A ditadura escancarada – as ilusões armadas*, de (2002, p. 455) ganhou veracidade ao apresentar aspectos significativos que identificaram Bronca.

Sabe-se também como foi capturado Zeca Fogoió, o último sobrevivente da comissão militar da guerrilha: no início de janeiro, ele se acercou da casa de um camponês e lhe pediu água, comida e chão para pousar. Recebeu água e sentou-se num toco à beira de um mandiocal. O menino da casa foi mandado à fazenda onde estava o comando das patrulhas do lugar. Rendido, o guerrilheiro pediu: "Doutor, não vai me matar". Tinha o corpo coberto por ulcerações de picadas de mosquito e desnutrição. Numa mochila de aniagem, carregava carne de macaco e mandioca. Identificou-se como José Huberto Bronca. Quando o helicóptero chegou, trazendo sargentos do CIE, um deles esclareceu: "Que Bronca coisa nenhuma, esse é o Fogoió". Segundo registros da Marinha, ele morreu em 13 de março de 1974.

Provavelmente, a execução após o aprisionamento tenha sido o fim do mecânico gaúcho, que doou grande parte de sua vida para o partido. O relato acima aponta para indícios de que Zeca e outros tenham sido executados após a prisão.

O silêncio após a guerra

O sigilo marcou a Guerrilha do Araguaia. Desde o início, tanto o partido e os guerrilheiros ante suas famílias quanto os militares silenciaram sobre as ações secretas de cerco e aniquilamento impetradas pelas forças de repressão do Estado brasileiro. Isso contribuiu significativamente para que esse episódio se tornasse quase desconhecido para as famílias dos envolvidos e para a sociedade brasileira que ainda, praticamente, desconhece os crimes e arbitrariedades cometidos durante o Regime Militar. O desconhecimento dos fatos que envolviam seus entes queridos acometeu a maioria das famílias dos militantes que combateram no Araguaia.

Pouco se conhece sobre os acontecimentos que culminaram com a morte da maioria dos guerrilheiros do Araguaia. Sabe-se, porém que houve morte dos dois lados e, segundo os indícios nos apontam, execuções após vários aprisionamentos. No dia 12 de abril de 1972, quando foram atacados os destacamentos A e C, os combates tiveram início. Era o começo da guerrilha, que se estenderia até o final de 1974, como destacou o Relatório Arroyo (2005, p. 71):

Dia 12 de abril de 1972, iniciou-se a luta guerrilheira no Araguaia. Cerca de 20 mil soldados atacaram o "peazão" (principal PA – Ponto de Apoio – do destacamento A), entrando por São Domingos. Dia 14, uns 15 soldados atacaram o PA do Pau Preto (do Destacamento C), entrando por São Geraldo. Nos primeiros dias de abril, já alguns policiais andaram pelas áreas do Destacamento A e C à procura de informações sobre os "paulistas" (...)

Os desdobramentos dos acontecimentos envolvendo o conflito, que ficou conhecido como Guerrilha do Araguaia, permaneceram vivos e acirraram um acalorado debate dentro do Comitê Central do PCdoB. Havia opiniões divergentes a respeito da experiência do partido na região do Araguaia. Foi a partir dessa experiência que o relatório do dirigente Ângelo Arroyo – conhecido como "Joaquim" na região da guerrilha – passou a ser o documento do partido que "esclarecia" as ações da guerrilha dentro da mata, onde foi redigido. Sem condições de poder reunir mais informações, o relatório apontou para caminhos que demonstram combates com guerrilheiros mortos, feridos e aprisionados. O que se soube, durante muito tempo, sobre esses combates no interior das matas do Araguaia foi exclusividade das Forças Armadas, que, durante muito tempo, omitiram e negaram a existência de tal episódio. Durante muitas décadas, a história da Guerrilha do Araguaia passou a ser apenas um espectro que rondava as memórias dos familiares, materializado em gritos de palavras de ordem da militância juvenil do PCdoB durante as disputas das direções das entidades representativas nos eventos do partido, que, na maioria dos casos, nem era nascida quando ocorreu o conflito. Afora a população local que foi protagonista dessa "guerra" que se abateu sobre a região, poucos noticiários se arriscaram a comentar o que de fato ocorreu ali. Entretanto, houve alguns jornalistas que, por meio dos veículos de comunicação nos quais trabalhavam, publicaram as primeiras notícias que fizeram os familiares dos desaparecidos do Araguaia, aos poucos, tomar ciência do que poderia ter ocorrido com seus filhos.

A peregrinação da família Bronca em busca do "Zé"

Além dos periódicos, duas principais obras se detiveram exclusivamente sobre o tema, abordando-o de modo particular. Foi por meio desses dois livros que os familiares dos desaparecidos do Araguaia, especialmente a família Bronca, tiveram a convicção de que José Huberto esteve presente naquele conflito.[*] Assim declarou Dona Ermelinda Mazzaferro Bronca, mãe de José Huberto, sobre esse momento "(...) tomamos conhecimento da participação de meu filho nesse movimento pela Revista *História Imediata*."

Essa informação, ainda que evasiva, foi suficiente para que a família Bronca tomasse a decisão de encontrar José Huberto. Seguindo esses vestígios, o filho mais moço, Carlos Huberto Bronca, embarcou para São Paulo, portando uma carta de apresentação emitida por Mila Cauduro endereçada a Terezinha Zerbini, articuladora do movimento pela anistia em São Paulo. Nessa viagem, Carlos Huberto deparou-se

---

[*] DÓRIA, Palmério *et alii*. *História Imediata*: *A Guerrilha do Araguaia* São Paulo: Alfa-Ômega, 1979.

pela primeira vez com outras famílias que viviam a mesma angústia que a sua. Esse foi o segundo passo – o primeiro havia sido do patriarca. A partir de então seria a matriarca, Ermelinda, que travaria uma árdua e longa peregrinação em busca de informações que levassem ao paradeiro do filho José Huberto. Nesse período, iniciaram-se as viagens de Ermelinda, em companhia da filha Maria Helena Bronca, para São Paulo com o intuito de participarem das primeiras reuniões com outros familiares de desaparecidos políticos com o advogado, Dr. Luis Eduardo R. Greenhalgh, para impetrar processo judicial contra o Estado pela responsabilização dos desaparecimentos dos seus familiares. Esse período marcou também o surgimento, por meio das cartas trocadas com outras mães de desaparecidos, uma rede de informações, criada com base nesses universos de dor e de incertezas nos quais estavam mergulhados os familiares.

A família Bronca acompanhou atentamente os noticiários e posicionamentos que políticos e entidades começaram a tomar, a partir da anistia de 1979. Muitas mães começaram a buscar nessas entidades, por meio de cartas e visitas, um caminho que pudessem levá-las ao governo federal. Com esse intuito, Ermelinda escreveu uma carta ao presidente da OAB-SP, descrevendo-lhe sua ansiedade e sofrimento diante das incertezas envolvendo o desaparecimento de seu filho.

Essas cartas demonstram um universo de sinceridade e assumem o espaço da transcendência do eu para o outro, evidenciando-se como

> Um tipo de texto em que a narrativa se faz de forma introspectiva, de maneira que nessa subjetividade se possa assentar sua autoridade, sua legitimidade como "prova". Assim, a autenticidade da escrita de si torna-se inseparável de sua sinceridade e de sua singularidade (...)

Como se pode constatar a seguir.

Porto Alegre, 21 de maio de 1980.
Ilmo. Sr.
Dr. Seabra Fagundes
DD. Presidente da OAB – Rio de Janeiro
Tem esta a finalidade de solicitar a V. S., na condição de digno presidente da Ordem dos Advogados do Brasil, que interceda junto ao Governo Federal para que o mesmo informe o paradeiro dado ao meu querido filho José Huberto Bronca, o qual consta na lista dos desaparecidos políticos na denominada "Guerrilha do Araguaia", no ano de 1973.[*]
Creio desnecessário relembrar a V. Excia. o vazio e a permanente sensação de desespero que me invade pela falta de meu filho, ou pelo menos pela falta de notícias de meu filho. Desde o ano de 1970 que não tenho notícias de meu querido

---

[*] Carta do acervo particular da família Bronca cedida por Maria Helena Mazzaferro.

filho e durante estes 10 anos aguardo informações e procuro através de todas as pistas indícios que me possam conduzir a qualquer certeza, para colocar fim nesta angústia. O conceito que faço de meu filho é de um verdadeiro patriota, de rapaz de excelente conduta e de elevada moral e durante todo este período jamais modifiquei este conceito, apesar de várias e várias vezes ler notícias jornalísticas contrárias: é que sempre fui sabedora da propaganda do governo e da censura.

A douta entidade que V. S. tão brilhantemente dirige é provavelmente a minha última esperança, pois atualmente estou com 75 anos de idade e não sei quanto tempo mais me resta. Só tenho certeza que o tempo que me resta irei dedicá-lo permanentemente para buscar meu filho ou então notícias suas. Por piores que sejam as notícias, elas terão o condão de terminar com esta angústia, este desespero. Por ser sabedora da posição imparcial desta entidade, bem como a sua bandeira pelo restabelecimento do Estado de Direito, é que escrevo a V. S. e tenho a absoluta certeza de que V. S. tomará qualquer atitude em meu benefício. Desde já, agradeço-lhe infinitamente e continuarei sendo sua admiradora, lembrando-lhe sempre das corretas palavras pronunciadas recentemente em Manaus, quando da abertura do Congresso pela Liberdade. Finalmente, quero lhe transmitir também o agradecimento de meus familiares e de todas as famílias que vivem nesta mesma angústia.

Atenciosamente,

E. M. B.

Ao final da carta, Ermelinda reafirmou sua confiança na OAB e traduziu, com simplicidade e pureza, a convicção e esperança de que as palavras proferidas pelo Sr. Seabra em Manaus se reproduzissem e engrossassem um grande cordão contra os crimes cometidos durante o regime. Mal sabia Ermelinda que aquele discurso causaria uma atitude condenável por parte de setores do regime militar ressentidos com o final do período que acenava por chegar. Depois desse discurso de Manaus, na tarde do dia 27 de agosto de 1980, Eduardo Seabra Fagundes recebeu uma carta-bomba enviada à sede da OAB no Rio, matando sua secretária Lida Monteiro da Silva, então com 60 anos. Nesse mesmo ano, provavelmente em junho, Ermelinda prestou depoimento à equipe da ONU, sediada na Suíça, sobre o desaparecimento de seu filho.

> Em primeiro lugar, quero agradecer a mais esta oportunidade que o Dr. Jair (Krischke) me proporcionou, convidando-me a participar da reunião como mãe de um desaparecido político. Meu filho, José Huberto Bronca, era um idealista, ele queria um Brasil com justiça social. Por isso ele foi para o Sul do Pará, para a região do Araguaia, com outros companheiros que comungavam do mesmo ideal. Em 25 de dezembro de 1973, foi dado como desaparecido após travarem uma luta, onde poucos que lá se encontravam foram trucidados pela forças das três armas nacionais.

O que eu e as demais mães queremos das autoridades é saber onde estão os nossos filhos desaparecidos: se estão vivos os queremos de volta e, se mortos, queremos seus restos mortais para dar-lhes sepultura digna em seus lugares de origem. Acho que o direito de uma mãe é sagrado. Ninguém pode impedir uma mãe de procurar o seu filho. Isso não pode ser considerado revanchismo. Esses jovens deram a vida por uma causa justa. Não tiveram sucesso, mas alguém tinha de lutar por isso.

A todos, muito obrigado,

E. M. B.

Em outubro de 1982, após três anos da anistia, a Comissão de Direitos Humanos e Assistência Judiciária da OAB, seção do Estado do Rio de Janeiro, em colaboração com o Comitê Brasileiro pela Anistia, publicou uma relação com nomes de pessoas dadas como mortas ou desaparecidas devido às suas atividades políticas, dispostos por ordem alfabética e prováveis datas dos desaparecimentos. Tal relação é, na verdade, uma reprodução dos nomes enviados por entidades de Direitos Humanos, encaminhados à OAB do Rio de Janeiro. Tal relação enfoca nas páginas finais a "Relação de pessoas mortas e desaparecidas na Guerrilha do Araguaia", na qual figuram os nomes de 60 combatentes comunistas desaparecidos, e uma "Relação parcial dos camponeses aliados mortos e desaparecidos na Guerra do Araguaia (lista parcial)" com mais oito nomes. Tal lista não se mostrara mais uma novidade para Ermelinda, mãe de José Huberto Bronca, para quem esse era o primeiro resultado da busca – ainda que na referida relação as datas das mortes ou desaparecimentos dos quatro gaúchos estão designados da seguinte forma: João Carlos Haas Sobrinho – 30 de setembro de 1972; José Huberto Bronca (não consta); Paulo Mendes Rodrigues (não consta); Cilon Costa Brum (grafado erroneamente o sobrenome Cunha por Costa) também não consta data de sua morte e/ou desaparecimento – que ela havia iniciado desde o desaparecimento de seu filho, em 1966, e que encontrara alento com outros familiares que viviam a mesma angústia e que se reuniam em São Paulo. Porém, para as famílias de Paulo Mendes Rodrigues e Cilon Cunha Brum, a referida relação da OAB foi a "certeza" de que eles, Paulo e Cilon, estavam mortos e que a espera por sua volta com vida a Porto Alegre havia chegado ao fim.

Sobre a autora

DEUSA MARIA DE SOUSA tem 35 anos, natural de Floriano-PI e mora em Novo Hamburgo-RS desde 1998. Possui graduação (2003) e mestrado em História pela Universidade do Vale do Rio dos Sinos (UNISINOS) com dissertação intitulada caminhos cruzados: trajetória e desaparecimento de quatro guerrilheiros gaúchos no Araguaia (2006). Atualmente reside em Florianópolis-SC onde cursa doutorado em História pela Universidade Federal de Santa Catarina (UFSC).